Cuaderno de

versión pauta

Ortografía

4

sm

PRIMARIA

chaqueta → (cha) (que) (ta) → (3) 

- Separa estas palabras en sílabas.

leche

botella

cabeza

hoja

sal

- Escribe palabras con las siguientes sílabas.

ma me pla to ca

ra no ñe llo ba

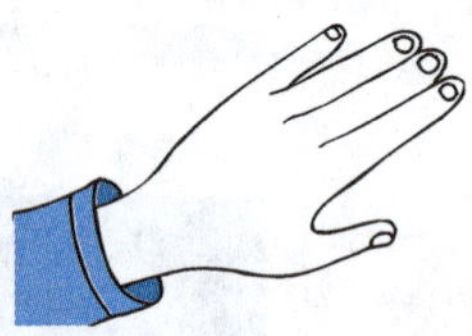

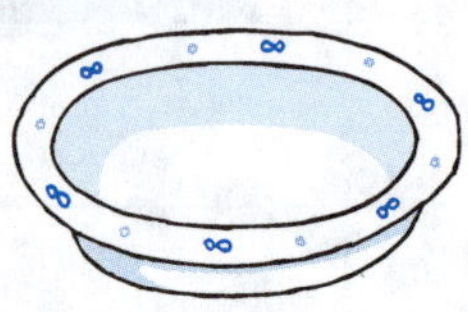

- Completa el abecedario.

a ___ c d ___ f g h ___ ___ k l ___ ___ ___ o p

q ___ s t ___ ___ ___ x y ___

- Rodea de verde la primera letra de estas palabras y cópialas en orden alfabético.

cuello

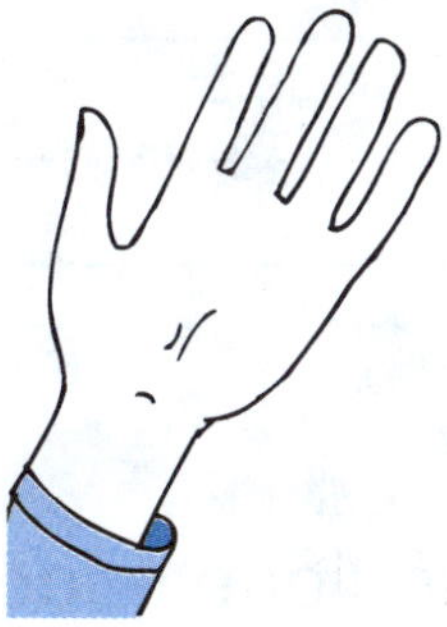

palma

tobillo

hombro

1.° ____________________ 3.° ____________________

2.° ____________________ 4.° ____________________

- Tacha en cada columna la palabra que no está ordenada alfabéticamente.

bolígrafo	alfombra	abrigo
lapicero	banqueta	calcetín
rotulador	silla	guantes
sacapuntas	estantería	bufanda
portaminas	mesa	zapato

Las palabras

- Clasifica estas palabras en los tres grupos de debajo.

gorra · clavel · pulga · caja

violeta · rosa · bolso · buitre · tigre

Animales:

Cosas:

Flores

- Tacha en cada columna la palabra que no tiene relación con el resto y añade dos palabras más.

batidora

cuaderno

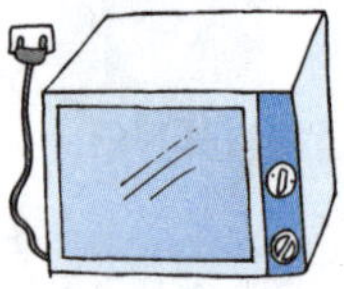
microondas

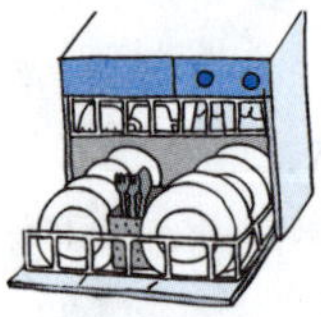
lavavajillas

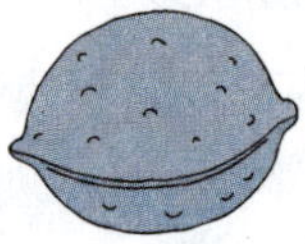
nuez

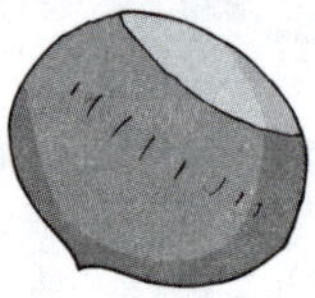
castaña

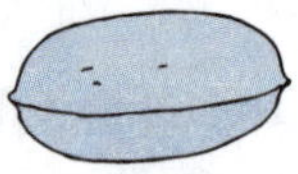
pistacho

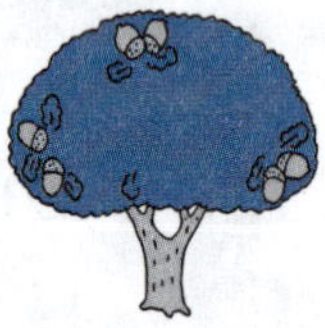
roble

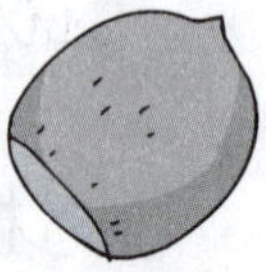

Nombres propios de personas y de lugares

La primera letra de los nombres de las personas y de los lugares se escribe con mayúscula.

Él es mi amigo Tomás.

Nos conocimos en Segovia.

- Rodea de azul los nombres de persona, y de rojo los nombres de lugares.

Margarita y Zacarías son amigos. Ella vive en Toledo y él en Bilbao. Se conocieron este verano en Cádiz, durante las vacaciones.

- Completa estas oraciones con nombres propios de personas y de lugares.

El hermano mayor de ____________________

vive en ____________________.

El tío de ____________________ vuelve esta

tarde de ____________________.

Este verano, ____________________ y ____________________

van a viajar a ____________________.

Las palabras y la oración

La oración es un conjunto de palabras que expresa algo sobre una persona, un animal o una cosa.

La nutria vive en ríos y arroyos.

- Rodea las palabras de cada encadenado, escribe las oraciones y anota cuántas palabras tiene cada oración.

Olgaleeenlabiblioteca. → ◯ palabras.

Elíaspreparalamerienda. → ◯ palabras.

Lolarecogelahabitación. → ◯ palabras.

- Ordena las palabras para componer oraciones.

árboles. / jardinero / planta / El

las / Debemos / calles. / cuidar

la / hay / pescadería / atún. / En

Al terminar la oración se escribe punto.

Milagros sale de casa. Luego, dobla la esquina y ya está en el colegio.

- Escribe los puntos que faltan en este texto.

La higiene diaria es muy importante Previene enfermedades y nos hace sentir bien Para mantener una buena higiene debemos ducharnos una vez al día También es necesario que nos lavemos los dientes después de cada comida

- Completa estas oraciones y no olvides poner el punto.

Ernesto plancha

en

Pepa coloca

en

Carlos y Maite

Palabras que significan lo mismo

Estos tomates están **rojos**.

Estos tomates están **colorados**.

- Une las parejas de palabras que tienen el mismo significado.

fuerte	baile
extraño	flaco
danza	raro
delgado	doctor
médico	forzudo

- Busca en la sopa de letras palabras que significan lo mismo que las siguientes y escríbelas en el lugar que corresponde.

aseado/ ____________

enorme/ ____________

vivienda/ ____________

césped/ ____________

X	L	I	M	P	I	O	F
T	S	A	L	O	N	Y	A
M	E	G	R	A	N	D	E
C	A	S	A	V	E	S	E
B	O	T	U	H	O	N	D
H	I	E	R	B	A	K	O

La letra mayúscula

Se escribe con letra mayúscula al principio de una oración y después de punto.

La bicicleta tiene una rueda pinchada. Mi hermana la arregla.

- Completa el texto con las siguientes palabras. Escríbelas en mayúscula si corresponde.

y no cuando sin al entonces

________ nos ponemos enfermos,

nuestros padres llaman ________ médico.

________, el doctor nos examina

________ nos dice los cuidados que necesitamos.

________ debemos tomar medicamentos ________

consultar al médico.

- Observa el dibujo y completa el texto.

________ está en el

árbol. ________

piden ayuda a sus padres.

Palabras contrarias

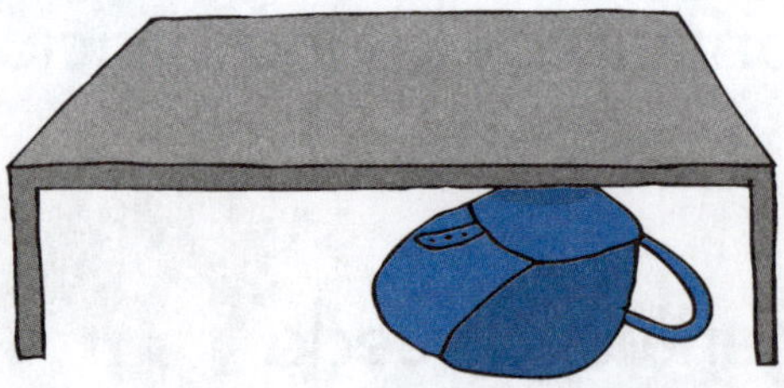

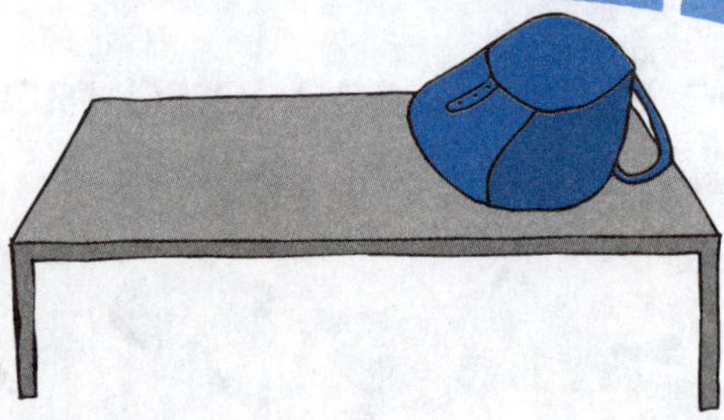

La mochila está debajo de la mesa.

La mochila está encima de la mesa.

- Une cada palabra con otra que significa lo contrario.

ruidoso •	• abajo
arriba •	• derecha
sumar •	• egoísta
izquierda •	• restar
generoso •	• enano
gigante •	• silencioso

- Escribe estas oraciones sustituyendo las palabras en azul por sus contrarios.

Las toallas están mojadas y sucias.

El frigorífico está vacío.

Al principio y al final de una pregunta se escriben los signos de interrogación: ¿?

¿Quieres un zumo de naranja?

- Escribe los signos de interrogación en el lugar que corresponde.

—___Dónde has estado esta mañana,

mamá___

—He ido a trabajar, Laura, como todas las

mañanas. Y tú, ___qué has hecho en el colegio___

—Hoy hemos tenido gimnasia.

—___Te has divertido___

—Sí, mucho, mamá.

- Escribe preguntas para estas situaciones.

Los nombres o sustantivos son las palabras que sirven para nombrar a las personas, los animales y las cosas.

La **señora** transporta al **gato** en su **cesta**.

- Repasa y escribe los nombres que faltan.

niña

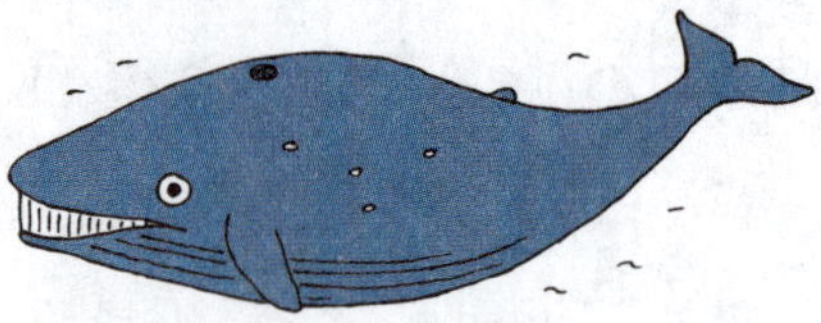

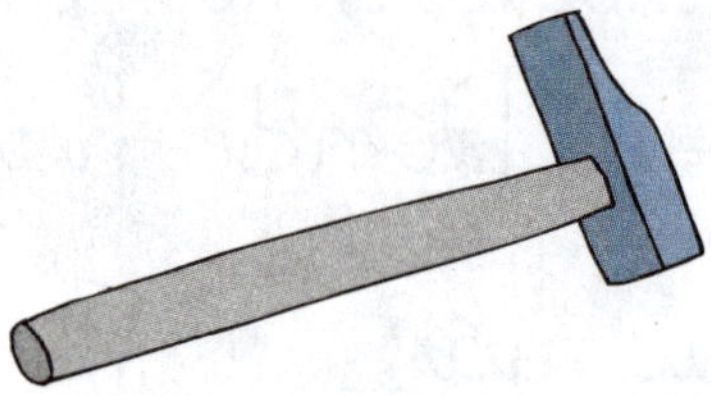

taxista

- Completa con el nombre que corresponde.

Leyre usa el ______ y el ______ para cortar el ______.

A través de la ______ se ve un ______ y un ______.

Al principio y al final de una frase que expresa admiración, alegría o sorpresa se escriben los signos de admiración: ¡!

¡Qué bien huele!

- Escribe las respuestas entre signos de admiración.

—¿Te ha gustado la comida?

—

—¿Está bien ese libro?

—

- Escribe lo que dicen estos personajes. No olvides los signos de admiración.

Masculino y femenino

Los nombres que llevan delante la palabra el son masculinos y los que llevan delante la son femeninos.

Manolo es el profesor de gimnasia.
María es la profesora de infantil.

- Relaciona, une y completa con las palabras que corresponde.

El barrendero y la ______________________.

______________________ y la pescadera.

______________________ y ______________________.

- Rodea de rojo los nombres masculinos, y de azul los nombres femeninos.

la batidora   el esparadrapo   el algodón

la vitrina   el escritorio   la página

Con la coma se separan palabras y frases.

El labrador siembra las semillas, riega el campo, cosecha el trigo y lo lleva a la fábrica.

- Escribe las comas que faltan en este texto.

Para hacer una macedonia se necesitan: dos peras dos manzanas dos plátanos un puñado de fresas el zumo de dos naranjas y dos cucharadas de azúcar.

- Completa con los nombres de estas ilustraciones. No olvides escribir las comas.

Para realizar su trabajo, el albañil necesita:

____

______________ y ______________.

- Escribe lo que has comido al mediodía y separa con comas.

Hoy he comido: ______________________________

y ______________________________.

Singular y plural

Se usa el singular para hablar de un solo objeto, animal o persona, y se usa el plural para hablar de varios.

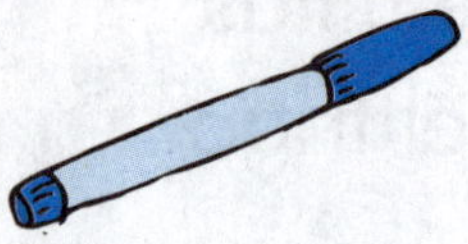

Hay un rotulador.

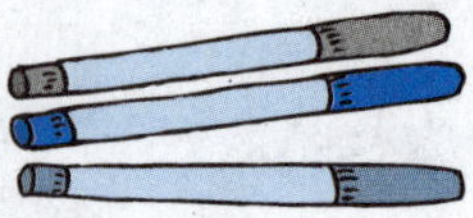

Hay varios rotuladores.

- Asocia y une el singular y el plural.

triciclo •	• cometas
cometa •	• triciclos
sombrero •	• coletas
coleta •	• sombreros

- Escribe el plural de estas palabras.

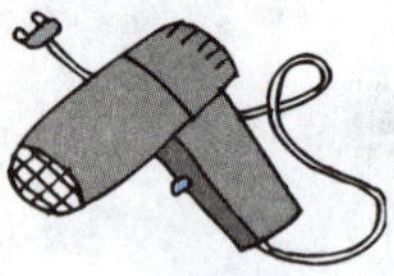 secador 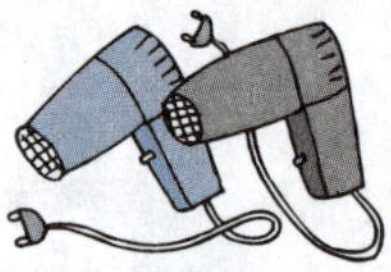

 libro 

 botella 

- Escribe el nombre en singular y en plural.

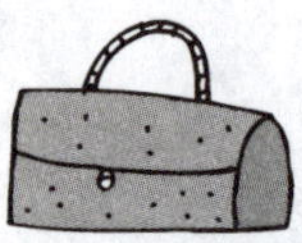

- Rodea según el código:

Rojo → dibujo cuyo nombre contiene la ll.
Azul → dibujo cuyo nombre contiene la ñ.

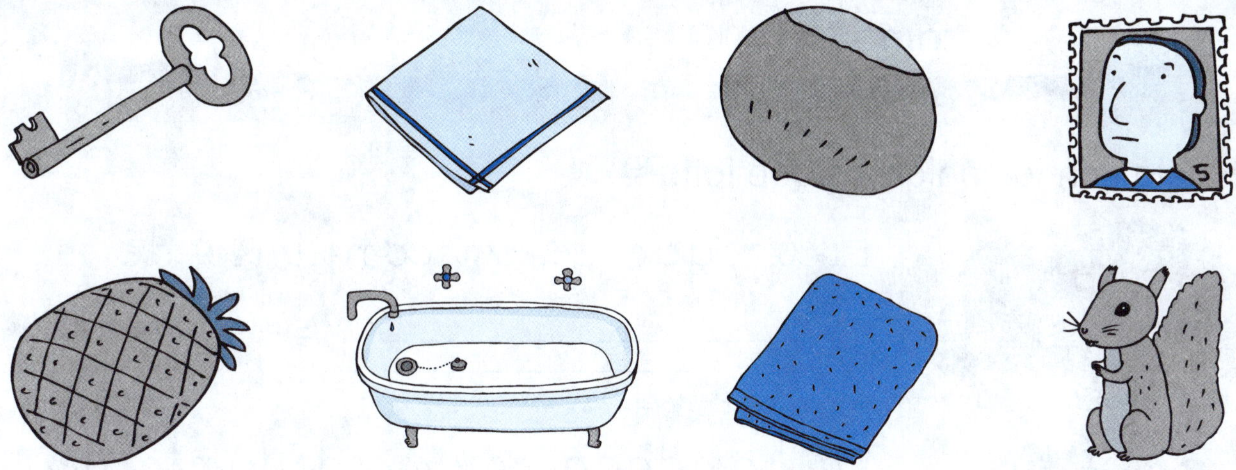

- Completa con ll o con ñ y escribe las palabras en el lugar que corresponde.

To___o es guardabosques y vive en una caba___a.

Cultiva tomi___o y guarda semi___as y casta___as

para las ardi___as. Ha puesto una va___a

alrededor de la casa y la ha pintado de a___il.

ll

ñ

Palabras que nombran a un grupo

Un ramo es un conjunto de flores.

- Completa con las palabras que faltan.

El bosque es un conjunto de ______________________ .

La bandada es un conjunto de ______________________ .

La piara es un conjunto de ______________________ .

- Escribe estos nombres en el lugar que corresponde.

bosque   rebaño   ramo

A Ana le han regalado un ______________, porque le gustan mucho las flores.

Si vas al ______________, podrás ver muchas clases diferentes de árboles.

Raúl es pastor y cuida un ______________ de ovejas.

- Subraya las palabras que tienen ca, que, qui, co o cu y escríbelas donde corresponde.

Los juegos de Enrique

Enrique se pone un chaleco, monta a caballo y ya es un vaquero.

Otros días es médico. Pesa a los muñecos en la báscula y les pone una vacuna que guarda en su botiquín.

Pero su juego favorito es montarse en su buque para saludar a los boquerones y a las quisquillas.

ca, co, cu	que, qui

el → faro ← un

los → faros ← unos

la → barca ← una

las → barcas ← unas

- Completa el texto con el, la, los o las.

En ______ puerto están ______ barcos amarrados. Allí, ______ pescadores clasifican ______ pescado bajo ______ luz de ______ bombillas. Algunas mujeres cosen ______ redes rotas.

- Completa con un, una, unos o unas.

______ cuerdas	______ cuerda
______ cordón	______ cordones
______ alfileres	______ alfiler
______ chincheta	______ chinchetas
______ pendiente	______ pendientes
______ cremalleras	______ cremallera

La raya de diálogo

Al escribir un diálogo o una conversación se escribe una raya delante de lo que dice cada personaje.

- Completa el diálogo con estas dos respuestas.

—¡Vale! Pero ten cuidado.

—¡Claro, mamá!

—Pepe, ¿me haces un favor?

—¿Puedes sujetar la bombilla mientras yo me subo a la escalera?

—No te preocupes. Tendré mucho cuidado.

- Observa los dibujos y escribe los diálogos.

La entrevista

- Lee las respuestas y escribe las preguntas de esta entrevista.

Entrevista a: Pedro Marinero, médico.

—Tengo 40 años.

—Soy médico desde hace 15 años.

—Pues la verdad es que no. Cuando estudiaba en el colegio quería ser bombero.

—Sí, me gusta mucho. Así ayudo a los demás.

—Muchas gracias por su amabilidad.

—De nada. Ha sido un placer.

- Ordena esta conversación y escríbela debajo. Luego, rodea en el texto que has escrito según el código:

Azul → **punto.**

Rojo → **signos de interrogación.**

Verde → **signos de admiración.**

Marrón → **raya de diálogo.**

—¿Y qué vas a comprar?

—Unos bollos de leche.

—Voy a la tienda, Lucas.

—¿Adónde vas, Marina?

—Pues te invito a merendar.

—¡Me encantan los bollos!

1.

2.

3.

4.

5.

6.

Proyecto didáctico
Equipo de Educación Primaria de Ediciones SM

Autoría
M.ª del Mar Cervera

Revisión pedagógica
Mayte Ortiz

Coordinación técnica
Nuria Vallina

Ilustración
Sofía Balzola

Diseño
Sofía Balzola

Maquetación
Antonio Herrera

Dirección editorial
Mayte Ortiz

ISBN: 978-84-348-8880-7
Depósito legal: M-15741-2011
Impreso en China / *Printed in China*